마하트마 간디

일러두기

1 이 시리즈는 영국 Franklin Watts 출판사의 「Famous People Famous Lives」 시리즈를 기반으로 국내 창작물을 덧붙인 초등학교 저학년 대상의 인물 이야기입니다.
2 초등학교 저학년이 이해하기 힘든 사건이나 사실들은 편집부에서 설명을 덧붙였습니다.
3 사람 이름이나 지역 이름 등 외국에서 들어온 말은 국립 국어원의 외래어 표기법을 따랐습니다.

Famous People Famous Lives
MAHATMA GANDHI
by Emma Fischel and illustrated by Richard Morgan

Text Copyright ⓒ 1999 by Emma Fischel
Illustrations Copyright ⓒ 1999 by Richard Morgan
All rights reserved.

Korean Translation Copyright ⓒ 2008 by BIR Publishing Co., Ltd.
Korean translation edition is published by arrangement with Franklin Watts,
a division of the Watts Publishing Group Ltd. through Imprima Korea Agency.

이 책의 한국어판 저작권은 Imprima Korea Agency를 통해 저작권사와 독점 계약한 **(주) 비룡소**에 있습니다.
저작권법에 의해 한국 내에서 보호를 받는 저작물이므로 무단 전재와 무단 복제를 금합니다.

마하트마 간디

에마 피시엘 글 리처드 모건 그림 정영목 옮김

비룡소

모한다스
카람찬드 간디
1869년
10월 2일 출생

    1869년 인도 서부의 포르반다르에서 한 사내아이가 태어났어요. 이 작은 아기가 훗날 인도의 독립을 이끈 간디지요.

간디가 태어났을 때 인도는 영국의 지배를 받고 있었어요. 당시 영국은 힘이 아주 세서, 인도 말고도 여러 나라를 다스리고 있었지요.

인도 사람들은 인도에 살면서도 영국 말인 영어를 배워야 했어요. 인도에 있는 좋은 자원들도 모두 영국 사람들 차지였지요. 영국은 인도 사람들의 땅을 빼앗고 이런저런 이유로 세금도 많이 걷었어요.

인도 사람들은 영국에 불만이 많았지만 맞설 힘이 없었어요.

간디는 겁이 많고 예민한 아이였어요. 불을 켜 놓고도 잠을 못 잘 때가 많았지요.

게다가 수줍음도 무척 많았어요. 간디는 친구들과 어울리기보다 혼자 있는 시간을 더 좋아했어요. 친구들은 간디를 겁쟁이라고 놀렸어요. 간디는 친구가 말을 걸까 봐 학교가 끝나면 집으로 곧장 달려왔지요.

인도 사람들은 대부분 힌두교라는 종교를 믿었어요. 간디의 어머니도 힌두교를 열렬히 믿었지요. 어머니는 간디에게 늘 이렇게 말했어요.

"다른 사람을 다치게 하면 안 된다. 늘 기도하며 착하게 살아야 해."

아버지는 좀 더 엄격했어요.

"짐승도 살아 있는 생명이야. 그러니 그것들을 죽이거나 먹어서는 안 된다."

 하지만 간디는 부모님 몰래 고기를 먹기도 했어요. 고기를 먹으면 영국 사람들처럼 힘이 세진다는 친구의 말 때문이었어요. 고기를 먹은 날이면 간디는 죄책감으로 무서운 꿈을 꾸었어요.
 간디는 아버지에게 솔직히 털어놓고 벌을 받기로 마음먹었어요. 그런데 간디의 말을 들은 아버지는 아무 말 않고 조용히 눈물만 흘렸어요. 그 모습을 본 간디는 벌을 받을 때보다 마음이 더 아팠지요.

열세 살 되던 해 간디는 아버지의 뜻에 따라 결혼을 했어요. 당시 인도에는 아주 어린 나이에 부모님이 정해 준 사람과 결혼하는 사람이 많았어요. 서로 얼굴도 모른 채 말이에요. 간디도 결혼식 직전에야 신부 카스투르바이의 얼굴을 봤지요.

간디가 결혼을 하고 얼마 지나지 않아 아버지가 병이 들었어요. 간디는 아버지를 정성껏 돌보았어요. 밤이나 낮이나 아버지 곁을 잠시도 떠나지 않았지요. 그러나 안타깝게도 아버지는 간디가 열여섯 살 때 세상을 떠나고 말았어요.

1888년 간디는 영국 런던으로 법률을 공부하러 갔어요. 가족들과 떨어져 있어서 외로웠지만, 그럴수록 간디는 더욱 열심히 공부했어요. 낯선 영국 사람들과도 친해지려고 노력했어요. 간디는 영국 사람들처럼 옷을 입고, 영국 사람들처럼 행동하며, 여러 친구들을 사귀었어요. 하지만 어머니와의 약속대로 술과 고기는 절대 먹지 않았지요.

영국에 간 지 삼 년 만에 간디는 변호사가 되어 인도로 돌아왔어요. 하지만 수줍은 성격 때문에 사건을 맡고도 일을 제대로 하지 못했어요. 법정에만 서면 머리가 빙빙 돌고 입이 떨어지지 않았던 거예요.

때마침 남아프리카의 한 회사에서 간디에게 일자리를 제안했어요. 일이 없어 고민하던 간디는 당장 남아프리카로 떠났지요.

남아프리카도 인도처럼 영국의 지배를 받고 있었어요. 영국 사람들은 인도 사람들과 아프리카 사람들을 차별하고 업신여겼지요.

간디는 기차표가 있는데도 인도 사람이라는 이유만으로 일등칸에서 쫓겨났어요. 마차를 타고 갈 때는 백인에게 자리를 내주지 않았다고 마부에게 두들겨 맞았고요. 돈이 있어도 호텔을 구할 수가 없었지요. 간디는 이런 모욕을 당하고도 가만히 있는 것은 옳지 않다고 생각했어요. 그래서 남아프리카에 사는 인도 사람들을 일일이 찾아다니며 그들이 어떻게 차별받고 있는지 조사했지요.

일을 찾아 남아프리카에 온 인도 사람들은 마치 노예처럼 살고 있었어요. 힘들고 천한 일을 하면서 주인에게 욕을 먹고 매를 맞기 일쑤였지요. 무거운 세금을 내면서 투표할 권리도 없었어요.

간디는 인도 사람들의 비참한 생활을 알리는 글을 써서 신문사에 보내고, 사람들 앞에 나가 연설도 했어요.

"인도 사람을 차별하는 법을 따르지 맙시다. 하지만 절대 폭력으로 맞서 싸워서는 안 됩니다. 폭력은 또 다른 폭력을 낳을 뿐이니까요."

간디의 목소리는 작지만 힘이 있었어요. 겁 많고 소심했던 간디였지만 차별받는 인도 사람들 앞에만 서면 용기가 생겼지요. 경찰들이 때리고 욕해도 간디는 꾹 참고 견뎠어요.

간디는 무려 이십여 년 동안이나 남아프리카에 머물며 차별받는 인도 사람들을 위해 일했어요. 간디의 오랜 노력 덕분에 남아프리카에서는 인도 사람을 차별하는 법들이 서서히 고쳐졌지요.

마흔다섯 살에 간디는 인도로 돌아왔어요. 인도 사람들은 간디를 반갑게 맞아 주었어요. 간디가 남아프리카에서 그랬던 것처럼, 자신들을 위해서도 큰일을 해 줄 거라 믿었거든요.

남아프리카에서 인도 사람들을 위해 일하는 동안 간디는 올바르게 사는 법을 깨달았어요. 그리고 인도가 가진 문제점도 잘 알게 되었지요.

인도에는 카스트라는 신분 제도가 있었어요. 신분에 따라 가질 수 있는 직업이 정해져 있었고, 일상생활에서도 할 수 있는 것과 없는 것, 갈 수 있는 곳과 없는 곳이 달랐어요. 신분이 다른 사람들끼리는 잘 어울리지도 않았어요.

특히 카스트에도 속하지 못하는 천민들은 사람대접도 받지 못했어요. 천민들은 사람들이 싫어하는 더럽고 지저분한 일을 하며 가난하게 살았어요. 다른 계급 사람들은 천민들 옆에는 가지도 않으려고 했지요.

또 인도에는 힌두교, 이슬람교 등 많은 종교가 있었어요. 종교가 다른 사람들끼리 자주 싸우고 미워하는 것도 인도의 큰 문제였어요.

간디는 인도가 영국으로부터 독립하고 평화롭게 살기 위해서는 신분이나 종교에 관계없이 인도 사람들끼리 잘 지내야 한다고 믿었어요.

간디는 인도 곳곳을 돌아다니며 모든 사람은 서로 사랑하고 존중해야 한다고 가르쳤지요.

그러던 어느 날 영국 정부는 간디에게 인도 사람들을 설득해서 전쟁에 참여해 달라고 부탁했어요. 제1차 세계 대전이 한창일 때였지요.

"영국을 위해 전쟁에 나갈 병사들을 모아 주시오. 사람들이 당신 말은 들을 거 아니오."

"영국은 병사를 원하고, 나는 인도의 독립을 원합니다. 영국이 내 소원을 들어준다면 나도 도와드리지요."

간디는 영국이 전쟁에 이기면 인도를 독립시켜 준다는 약속을 믿고 사람들을 모았어요. 그러나 전쟁이 끝난 뒤 영국은 약속을 지키기는커녕 오히려 인도 사람들을 더 못살게 굴었어요. 이 일로 영국에 실망한 간디는 보다 적극적으로 인도의 독립 운동을 펼쳤어요. 물론 평화로운 방법으로요.

메소포타미아
5킬로미터

하지만 인도 사람들 중에는 간디의 방식을 이해하지 못하는 사람이 많았어요. 그들은 무기를 들고 이렇게 주장했어요.

"더는 참을 수 없어! 우리도 영국에 힘으로 맞서야 해."

간디는 참을성 있게 그들을 설득했어요.
"폭력은 안 됩니다. 평화로운 방법으로 우리의 뜻을 전해야 합니다. 그것만이 우리가 이기는 길입니다."
간디는 인도 사람들에게 영국 사람들이 경영하는 공장에 일하러 가는 대신, 집에서 기도를 하며 항의하자고 했어요. 수많은 사람이 간디의 말에 따랐고, 영국 사람들은 아무것도 할 수 없게 되었지요.

그런데 며칠 후 암리차르라는 도시에서 끔찍한 일이 벌어졌어요. 광장에 모여 조용히 시위하던 인도 사람들에게 영국 군인들이 마구잡이로 총을 쏜 거예요. 사백 명에 가까운 인도 사람이 죽고, 천 명이 넘는 사람이 다쳤지요.

이 사건 이후 간디의 비폭력 운동에 반대하는 사람이 점점 많아졌어요. 그들은 영국에 힘으로 맞서 싸울 것을 주장했지요.

하지만 간디는 폭력으로 맞서는 대신 새로운 방법으로 독립 운동을 펼쳤어요.

"영국 사람들이 인도를 떠나도록 영국 정부를 돕는 일은 절대로 하지 맙시다. 영국이 세운 학교와 회사에 나가지 말고, 영국 물건도 사지 맙시다."

수많은 인도 사람이 간디의 뜻에 따라 영국 사람들의 공장과 회사에 출근하지 않았어요. 학생과 교사들도 영국 사람들이 세운 학교에 나가지 않았고, 영국 옷을 입고 있던 사람들은 옷을 벗어 불에 태웠지요.
　이 일로 많은 인도 사람이 감옥에 갇혔어요. 마치 인도 전체가 거대한 감옥이 된 듯했지요.

하지만 평화적인 시위는 간디가 기대한 만큼 오래가지 못했어요. 몇몇 흥분한 인도 사람들이 경찰서로 몰려가 불을 지르고, 불타는 건물에서 탈출하던 경찰관 스물두 명을 칼로 찔러 죽인 거예요.

 간디는 이 사건으로 감옥에 갇혔어요. 그리고 모든 저항 운동을 중단했지요.
 "모두 그만두십시오. 폭력으로 얻은 자유는 진정한 자유가 아닙니다."

 이 년 뒤 감옥에서 풀려난 간디는 인도 땅 구석구석을 돌아다니며 사람들에게 말했어요.

"인도는 하나가 되어야 합니다. 힌두교를 믿는 사람도, 이슬람교를 믿는 사람도 다 같은 인도 사람입니다. 인도 사람끼리는 싸우면 안 됩니다! 가난한 사람들은 옷감을 짜고, 부자들은 인도 사람이 만든 옷감을 사십시오! 인도 사람은 인도 사람이 만든 옷을 입어야 합니다. 그것이 인도가 영국에 맞서는 길입니다."

간디는 자신이 한 말을 실천하기 위해 직접 물레를 돌려서 실을 자았어요. 아무리 피곤하고 힘들어도 하루에 백팔십 미터씩 실을 자은 다음에야 잠자리에 들었어요. 간디는 그 실로 옷을 만들어 입었어요.
 간디를 따라 물레를 돌리는 사람들이 점점 늘어나, 영국에서 수입되는 옷감과 옷의 양이 많이 줄었지요.

1930년 영국이 '소금 법'을 만들었어요. 인도처럼 날씨가 더워 땀을 많이 흘리는 곳에서는 소금을 많이 먹어야 했어요. 그런데 영국이 소금에 세금을 붙여 비싼 값에 팔기로 한 거예요. 인도 사람들은 직접 소금을 만들 수 없었고, 심지어는 자연에서 나는 소금도 먹을 수 없었어요. 다 영국이 금지해 불법이었거든요.

　간디는 소금 법에 항의하기 위해 수만 명을 이끌고 소금이 있는 바닷가를 향해 행진했어요. 삼 주가 넘는 긴 여정이었지요. 바닷가에 도착하자 간디가 소금 한 줌을 움켜쥐었어요. 다른 사람들은 소금을 주워 먹었지요.

　시위를 하던 사람들은 소금 공장으로 걸어갔어요. 그러자 경찰들이 곤봉을 휘두르며 시위자들을 막아섰어요. 시위자들은 두들겨 맞고 피를 흘리면서도 물러서지 않았어요. 결국 조용히 감옥으로 끌려갔지요. 이 소식은 곧 전 세계 사람들에게 알려졌어요. 결국 영국은 일 년도 안 되어 소금 법을 없앨 수밖에 없었지요.

신문을 본 영국 사람들은 간디에 대해 궁금해했어요.
"인도의 지도자 간디가 도대체 누구야?"
영국 사람들은 여기저기서 들은 이야기들을 주고받았어요.
"농부처럼 하얀 무명옷을 입은 노인네인데, 그의 말이라면 수백만 명이 감옥에 가는 것도 무서워하지 않는다는군. 심지어 죽음도 두려워하지 않는다나."

"간디는 수도 없이 감옥에 갇히고도 절대 폭력을 쓰지 않는대. 그런 사람과 어떻게 싸움을 하겠어?"

"간디는 인도 사람들이 무엇을 원하는지, 사람들한테 무엇이 필요한지 아는 것 같아."

"간디의 말은 사람들의 마음을 움직인대. 어떤 사람들은 그 사람 말을 들으러 며칠씩 걸어서 온다는군. 우리도 한번 들으러 가 볼까?"

1931년에 간디는 영국의 정치가들에게 인도의 독립에 대해 이야기하려고 런던에 갔어요. 회의는 석 달 동안 계속되었지만 간디는 큰 성과 없이 돌아왔어요. 영국의 정치가들은 인도의 독립을 반대했거든요.

　게다가 간디가 런던에 가 있는 동안 영국은 인도 사람들을 종교와 신분에 따라 뿔뿔이 흩어 놓을 계획을 세우고 있었어요. 간디가 이 사실을 알고 영국 총독에게 항의하자, 총독은 간디를 감옥에 가뒀지요.

　제2차 세계 대전이 한창이던 1942년, 간디는 영국이 당장 인도에서 떠나야 한다고 연설했어요. 간디의 말에 곳곳에서 영국에 저항하는 폭력 사태가 벌어졌어요. 이 일로 간디는 다시 감옥에 갇혔어요.
　간디와 함께 감옥에 갇혔던 부인 카스투르바이는 이 년 후 감옥에서 세상을 뜨고 말았지요.

제2차 세계 대전이 끝나자, 더 이상 인도를 다스릴 힘이 없어진 영국 정부는 인도를 독립시키려고 했어요.

그런데 그 무렵 인도에서는 힌두교를 믿는 사람들과 이슬람교를 믿는 사람들 사이에 큰 싸움이 벌어졌어요.

이슬람교 지도자와 힌두교 지도자들은 말했어요.

"인도를 둘로 나눕시다. 한쪽은 이슬람교도가 다스리고, 다른 한쪽은 힌두교도가 다스리는 거지요."

간디는 인도가 둘로 나뉘는 것을 바라지 않았어요.

"인도를 나눈다고요? 이것은 내가 꿈꾸던 독립이 아닙니다."

간디는 싸움이 일어나는 곳마다 찾아다니며 사람들을 설득했지만 아무 소용이 없었어요. 결국 인도는 1947년 8월 15일에 인도와 파키스탄으로 나뉜 채 독립했지요.

힌두교도는 파키스탄에서 인도로 왔고, 이슬람교도는 인도에서 파키스탄으로 갔어요. 그 과정에서 수백만 명이 죽고 다쳤어요.

간디는 잠시도 쉬지 않고 이곳저곳을 돌아다니면서 싸움을 말렸어요. 하지만 사람들은 싸움을 멈추지 않았지요.

 간디는 힌두교도와 이슬람교도 사이의 싸움을 멈추기 위해 단식을 선언했어요. 간디의 나이 일흔아홉 살 때였지요.

 간디가 곧 죽을지도 모른다는 소식에, 힌두교와 이슬람교 지도자들은 싸움을 그만두기로 약속했어요. 조금만 늦었어도 간디는 목숨을 잃을 뻔했지요.

　단식을 끝내고 며칠 후 간디는 여느 때처럼 기도회장으로 향했어요. 그런데 간디가 계단을 올라 자기 자리로 가려고 할 때였어요. 한 남자가 뛰쳐나와 간디를 향해 총을 쏘았어요. 이슬람교 사람들과 화해하기를 바란 간디를 못마땅해하던 힌두교 사람이었지요.

　간디가 죽자 인도 사람들은 큰 슬픔에 빠졌어요. 종교와 계급으로 갈려 영국의 지배를 받던 인도를 위해 온몸을 바쳐 일했던 인도의 지도자가 영원히 사라졌으니까요.

간디의 장례식에는 수많은 사람이 참석했어요. 지금도 간디는 위대한 영혼 '마하트마'라 불리며 인도 사람들의 존경을 받고 있지요.

♣ 사진으로 보는 마하트마 간디 이야기 ♣

위대한 영혼, 마하트마 간디

간디의 원래 이름은 모한다스 카람찬드 간디예요. '마하트마'라는 이름은 인도의 유명한 시인 타고르가 간디를 존경하는 마음

간디의 얼굴을 새긴 인도의 지폐예요. 인도는 1996년부터 5루피에서 2000루피까지, 여덟 개의 지폐 모두에 간디의 초상화를 쓰기 시작했어요. 인도 사람들이 간디를 얼마나 존경하는지 알 수 있지요.

으로 붙여 준 별명이에요. 인도 말로 '위대한 영혼'이라는 뜻이에요. 그때부터 인도 사람들도 간디를 마하트마라고 부르게 되었지요. 진리와 사랑의 힘을 믿고, 폭력에 저항하며 평생 가난하고 억압받는 인도 사람들을 위해 일한 간디야말로 위대한 영혼을 지닌 성자니까요.

인도 사람들은 간디를 '바푸'라고 부르기도 해요. '인도의 아버지'라는 뜻이지요. 간디가 죽었을 때 네루 총리는 "우리의 아버지가 이제 이 세상에 없습니다."라고 말하며 간디의 죽음을 슬퍼했답니다.

물레질하는 지도자

간디가 태어났을 때 인도는 오랫동안 영국의 지배를 받고 있었어요. 영국은 인도 사람들에게 이런저런 핑계로 무거운 세금을 내게 하고 땅을 빼앗았어요. 또 인도 사람들을 노예처럼 부려 먹었지요.

간디는 영국에 협조하면서 평화롭게 독립을 요구했어요. 하지만 간디의 생각만큼 영국은 신사적인 나라가 아니었어요. 간디는 약속을 지키지 않고 잔인한 일을 저지르는 영국에 반대하기 위해 비폭력 저항 운동을 펼쳤어요. 영국인들이 운

물레질하는 간디예요. 물레는 간디의 비폭력 저항 운동의 상징이자, 인도 국민들의 자존심과 독립에 대한 의지를 보여 준 도구였어요.

영하는 학교나 직장에 나가지 말고, 영국 상품을 사지 말자고 했어요. 그리고 직접 물레를 돌려서 옷을 만들어 입자고 했지요. 영국은 인도의 면화를 헐값에 사서 영국 공장에서 옷을 만든 후 인도 사람들에게 비싼 값으로 팔아 많은 이득을 남겼거든요. 간디는 작은 물레를 가지고 다니며 날마다 백팔십 미터씩 실을 자았어요. 그리고 그 실로 직접 옷도 만들어 입으며 자신의 주장을 실천했어요.

수많은 인도 사람이 간디를 따라 직접 물레를 돌려 옷을 만들어 입기 시작했어요. 그러자 영국에서 수입되는 면직물 양이 점점 줄어들었지요.

간디의 비폭력 운동을 세계에 알린 '소금 행진'

인도의 독립 운동 역사에서 대표적인 사건이 바로 '소금 행진'이에요. 간디가 인도 사람들을 이끌고 소금세 폐지를 주장하며 이십사 일 동안 삼백구십여 킬로미터를 행진한 일을 이르죠.

간디가 여러 사람들과 함께 소금 행진을 하는 모습이에요.

소금세 폐지는 간디에게 왜 그렇게 중요했을까요? 소금세는 소금에 매긴 세금을 말해요. 1930년에 영국은 식민지 인도에서 비싼 소금세를 매기는 법을 만들었어요. 제1차 세계 대전으로 전쟁 비용을 많이 써서 돈이 필요했기 때문이에요.

그때 인도 사람들은 영국이 파는 소금 외에는 먹을 수 없었어요. 영국이 법으로 금지했거든요. 그런데 소금에 비싼 세금까지 매기자 더 이상 가만있을 수 없었지요.

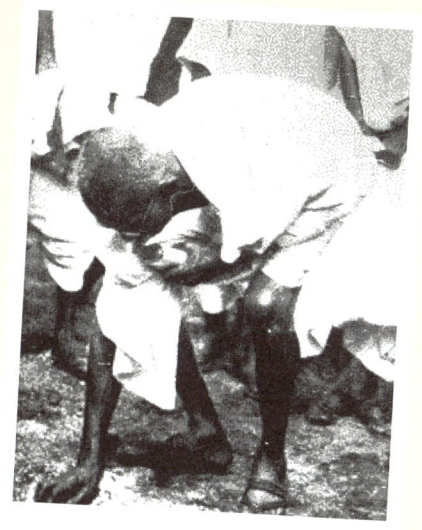

간디가 행진 끝에 이르러 소금을 쥐어 드는 모습이에요.

간디의 소금 행진에 처음 함께한 사람은 일흔아홉 명이었어요. 그런데 마지막에는 무려 육만여 명이 참여했지요. 마침내 목적지인 바닷가에 이르러 간디는 개펄에서 소금 한 줌을 움켜쥐었어요. 이 모습을 지켜보던 인도 사람들도 소금을 주워 먹었지요. 이는 인도의 소금이 인도 사람들에게 돌아가야 한다고 주장하는 비폭력적인 시위였어요.

영국 경찰들은 소금 행진에 참여한 수만 명의 사람들을 무자비하게 잡아들였어요. 간디도 끌려갔어요. 이 소식은 신문과 뉴스를 타고 전 세계에 알려졌어요. 영국을 비판하는 목소리들이 높아졌지요. 부담을 느낀 영국 정부는 결국 간디를 석방시키고, 일 년도 안 돼 소금 법을 없앴답니다.

간디가 꿈꾸었던 공동체, 아슈람

간디는 인도가 영국의 경제 지배에서 벗어나 자립할 수 있는 길은 바로 자급자족하는 생활이라고 생각했어요. 남아프리카에서 인도로 돌아온 간디는 일여 년 동안 인도 구석구석을 돌아다닌 끝에, 농촌의 작은 생활 공동체야말로 인도가 추구해야 할 삶의 방식이라는 결론을 내렸지요.

간디는 생각을 실천으로 옮겨 공동체 '아슈람'을 만들었어요. 공동체 사람들은 함께 농사를 짓고, 건물이나 가구, 옷 등을 직접

간디가 마지막으로 머물렀던 방이에요. 세상을 떠난 간디의 방에 있는 건 책 몇 권과 밥그릇, 안경, 샌들 두 켤레가 전부였답니다.

만들어 사용했어요. 간디는 거의 평생을 작은 농장과 공동체에 살면서 소박한 생활을 했어요.

간디가 공동체를 꾸린 '아슈람'의 요즘 모습이에요. 인도 서부 아마다바드라는 도시에 자리하고 있지요. 지금은 여러 관광객들이 이곳을 찾아 간디를 기려요.

 단식을 하는 것도 공동체 사람들의 생활 방식이었지요. 간디는 마음이 흔들리거나 어지러울 때면 음식을 먹지 않고 기도를 했어요. 단식은 온몸을 비움으로써 마음을 깨끗하게 해 준다고 생각했거든요. 그는 일기에서 단식으로 모든 질병을 고칠 수 있다고 말하기도 했어요.

함께 보면 쏙쏙 이해되는 역사

◆ 1869년
인도 서부
포르반다르에서 태어남.

1850   **1860**

● 1858년
인도가 영국의 지배를
받게 됨.

◆ 1915년
공동체 아슈람을 만듦.

◆ 1919년
암리차르 대학살에
분노하여 영국에
저항하는 평화 운동을
펼침.

◆ 1914년
남아프리카에서 인도로
돌아옴.

1910   **1915**

● 1919년
암리차르에서 시위하던
수많은 인도 사람이 영국
군인들에게 총살당함.

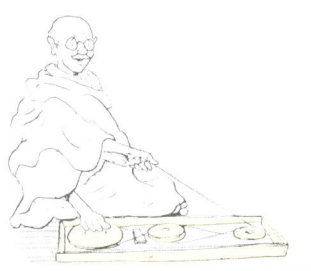

◆ 마하트마 간디의 생애
● 인도 독립의 역사

◆ 1891년
변호사가 되어 인도로 돌아옴.

◆ 1882년
카스투르바이와 결혼함.

◆ 1893년
법률 자문의 일을 맡아 남아프리카로 떠남. 남아프리카에서 차별받는 인도 사람들을 위한 활동을 시작함.

◆ 1888년
법률을 공부하러 영국 런던으로 떠남.

1880 **1890**

◆ 1930년
영국의 소금 법에 반대하는 '소금 행진'을 이끎.

◆ 1948년
뉴델리에서 이슬람에 반대하는 청년의 총에 맞아 세상을 떠남.

1930 **1940**

● 1930년
영국이 소금에 비싼 세금을 붙여 파는 '소금 법'을 만듦.

● 1947년
인도와 파키스탄으로 나뉘어 각각 독립함.

추천사
「새싹 인물전」을 펴내면서

요즈음 아이들에게 '훌륭한 사람'이 누구냐고 물으면 '돈 많이 버는 사람'이라고 대답한다고 합니다. 초등학생의 태반은 가수나 배우가 되고 싶어 하고요. 돈 많이 버는 사람이나 연예인이라는 직업이 나쁘다는 것이 아니라, 아이들이 각자가 갖고 있는 재능과는 상관없이 모두 똑같은 꿈을 갖는 것 같아 걱정입니다. 또 한편으로는 아이들이 진정 마음으로 닮고 싶은 사람에 대한 정보가 부족한 것은 아닌가 하는 생각도 듭니다.

어릴수록 위인 이야기의 힘은 큽니다. 아직 어리고 조그마한 아이들은 자신이 보잘것없다고 생각하고 위인들의 성공에 감탄합니다. 하지만 그네들에게는 끝없이 열린 미래가 있습니다. 신화처럼 빛나는 위인들의 모습은 아이들에게 훌륭한 역할 모델이 되고, 그런 삶을 살기 위해 무엇을 어떻게 해야 할지를 알려 주는 밝은 등대가 됩니다.

그렇다면 우리가 어른으로서 아이들에게 권해야 할 위인전은 무엇일까요? 보통 우리가 생각하는 '위인'은 훌륭한 업적을 남긴

위대한 사람, 멋지고 능력 있는 사람입니다. 하지만 시대가 변했으니 아이들이 역할 모델로 삼을 수 있는 위인의 정의나 기준도 변해야 할 것입니다.

그런 의미에서 비룡소의 「새싹 인물전」은 종래의 위인전과는 다른 점이 많습니다. 시리즈 이름이 '위인전'이 아닌 '인물전'이라는 데 주목하기 바랍니다. 「새싹 인물전」은 하늘에서 빛나는 위인을 옆자리 짝꿍의 위치로 내려놓습니다. 만화 같은 친근한 일러스트는 자칫 생소할 수 있는 옛사람들의 이야기를 일상에서 만날 수 있는 재미있는 사건처럼 보여 줍니다.

또 하나, 「새싹 인물전」에는 위인전에 단골로 등장하는 태몽이나 어린 시절의 비범한 에피소드, 위인 예정설 같은 과장이 없습니다. 사실 이런 이야기들은 현대를 사는 아이들에게는 황당하고 이해하기 힘든 일일 뿐입니다. 그보다는 천 리 길도 한 걸음부터, 큰 성공도 자잘한 일상의 인내와 성실함이 없었다면 이루어질 수 없었다는 것을 알려 주는 것이 중요합니다. 세상 사람들의 우러름을

받는 이들도 여느 아이들과 같은 시절을 겪었음을 보여 줌으로써, 아이들에게 괜한 열등감을 주지 않고 그네들의 모습을 마음속에 담을 수 있도록 해 주는 것입니다.

 덧붙여 위인전이란 그 인물이 얼마나 훌륭한 업적을 남겼는가 보여 주는 것도 중요하지만, 얼마나 참된 인간다움을 보였는가를 알려 줄 필요도 있습니다. 여기서 '인간다움'이란 기본적인 선함과 이해심, 남을 위해 봉사할 수 있는 사랑과 배려, 그리고 한 가지 목표를 설정하고 앞으로 나아갈 수 있는 의지와 용기를 말합니다. 성취라는 결과보다는 성취하기 위한 과정을 보여 주고, 사회적인 성공보다는 한 인간으로서 얼마나 자기 자신에게 철저하고 진실했는지를 보여 주는 것이 중요하다는 것입니다.

 하지만 아무리 좋은 가르침도 사랑과 따뜻함이 없으면 억누름과 상처가 될 뿐이겠지요. 「새싹 인물전」은 나의 노력과 의지에 따라 얼마든지 의미 있는 삶을 살 수 있음을 알려 줍니다. 내가 알고 있는 삶 외에도 또 다른 삶이 존재할 수 있다는 것, 꿈을 키우고 이

루어 가는 과정에서 배우고 경험하게 되는 것들의 가치, 그런 따뜻함을 담고 있는 위인전입니다. 부디 이 책이 삶의 첫발을 내딛는 아이들에게 좋은 길잡이가 되었으면 하는 바람입니다.

기획 위원
박이문(전 연세대 교수, 철학)
장영희(전 서강대 교수, 영문학)
안광복(중동고 철학 교사, 철학 박사)

- 사진 제공

  48, 52쪽_ 토픽 포토 에이전시. 49쪽_ 중앙일보. 50, 51, 53쪽_ 위키피디아.

글쓴이 에마 피시엘

어린이 책 작가이다. 지은 책으로 『로버트 스콧』, 『나이팅게일』, 『셰익스피어』, 『몰리의 마법 카펫 Molly's Magic Carpet』, 『나의 유령 선생님 My Teacher the Ghost』 등이 있다.

그린이 리처드 모건

어린이 책에 그림을 그리는 작가이다. 작품으로 『클레오파트라』, 『잘했어! Well Done!』가 있다.

옮긴이 정영목

전문 번역가로 활동하며, 이화 여자 대학교 통역 대학원에서 번역학을 가르치고 있다. 『로드』로 제3회 유영 번역상을, 『유럽 문화사』로 제53회 한국 출판 문화상(번역 부문)을 받았다. 옮긴 어린이 책으로 『셰익스피어』, 『올라의 모험』, 『오로라의 아이들』 등이 있다.

새싹 인물전 **마하트마 간디**
010

1판 1쇄 펴냄 2008년 12월 1일   1판 13쇄 펴냄 2020년 5월 22일
2판 1쇄 펴냄 2021년 5월 28일   2판 2쇄 펴냄 2022년 5월 30일

글쓴이 에마 피시엘   그린이 리처드 모건   옮긴이 정영목
펴낸이 박상희   편집장 전지선   편집 김솔미   디자인 박연미, 신현수
펴낸곳 (주)비룡소   출판등록 1994.3.17. (제16-849호)
주소 06027 서울시 강남구 도산대로1길 62 강남출판문화센터 4층
전화 영업 02)515-2000   팩스 02)515-2007   편집 02)3443-4318, 9   홈페이지 www.bir.co.kr
제품명 어린이용 각양장 도서   제조자명 (주)비룡소   제조국명 대한민국   사용연령 3세 이상

ISBN 978-89-491-2890-0 74990
ISBN 978-89-491-2880-1 (세트)

「새싹 인물전」 시리즈

001 **최무선**　김종렬 글 이경석 그림
002 **안네 프랑크**　해리엇 캐스터 글 헬레나 오웬 그림
003 **나운규**　남찬숙 글 유승하 그림
004 **마리 퀴리**　캐런 월리스 글 닉 워드 그림
005 **유일한**　임사라 글 김홍모·임소희 그림
006 **윈스턴 처칠**　해리엇 캐스터 글 린 윌리 그림
007 **김홍도**　유타루 글 김홍모 그림
008 **토머스 에디슨**　캐런 월리스 글 피터 켄트 그림
009 **강감찬**　한정기 글 이홍기 그림
010 **마하트마 간디**　에마 피시엘 글 리처드 모건 그림
011 **세종 대왕**　김선희 글 한지선 그림
012 **클레오파트라**　해리엇 캐스터 글 리처드 모건 그림
013 **김구**　김종렬 글 이경석 그림
014 **헨리 포드**　피터 켄트 글·그림
015 **장보고**　이옥수 글 원혜진 그림
016 **모차르트**　해리엇 캐스터 글 피터 켄트 그림
017 **선덕 여왕**　남찬숙 글 한지선 그림
018 **헬렌 켈러**　해리엇 캐스터 글 닉 워드 그림
019 **김정호**　김선희 글 서영아 그림
020 **로버트 스콧**　에마 피시엘 글 데이브 맥타가트 그림
021 **방정환**　유타루 글 이경석 그림
022 **나이팅게일**　에마 피시엘 글 피터 켄트 그림
023 **신사임당**　이옥수 글 변영미 그림
024 **안데르센**　에마 피시엘 글 닉 워드 그림
025 **김만덕**　공지희 글 장차현실 그림
026 **셰익스피어**　에마 피시엘 글 마틴 렘프리 그림
027 **안중근**　남찬숙 글 곽성화 그림
028 **카이사르**　에마 피시엘 글 레슬리 뷔시커 그림
029 **백남준**　공지희 글 김수박 그림
030 **파스퇴르**　캐런 월리스 글 레슬리 뷔시커 그림
031 **유관순**　유은실 글 곽성화 그림
032 **알렉산더 벨**　에마 피시엘 글 레슬리 뷔시커 그림
033 **윤봉길**　김선희 글 김홍모·임소희 그림
034 **루이 브라유**　테사 포터 글 헬레나 오웬 그림
035 **정약용**　김은미 글 홍선주 그림
036 **제임스 와트**　니컬라 백스터 글 마틴 렘프리 그림
037 **장영실**　유타루 글 이경석 그림
038 **마틴 루서 킹**　베르나 윌킨스 글 린 윌리 그림
039 **허준**　유타루 글 이홍기 그림
040 **라이트 형제**　김종렬 글 안희건 그림
041 **박에스더**　이은정 글 곽성화 그림
042 **주몽**　김종렬 글 김홍모 그림
043 **광개토 대왕**　김종렬 글 탁영호 그림
044 **박지원**　김종광 글 백보현 그림
045 **허난설헌**　김은미 글 유승하 그림
046 **링컨**　이명랑 글 오승민 그림
047 **정주영**　남경완 글 임소희 그림
048 **이호왕**　이영서 글 김홍모 그림
049 **어밀리아 에어하트**　조경숙 글 원혜진 그림
050 **최은희**　김혜연 글 한지선 그림
051 **주시경**　이은정 글 김헤리 그림
052 **이태영**　공지희 글 민은정 그림
053 **이순신**　김종렬 글 백보현 그림
054 **오드리 헵번**　이은정 글 정진희 그림
055 **제인 구달**　유은실 글 서영아 그림
056 **가브리엘 샤넬**　김선희 글 민은정 그림
057 **장 앙리 파브르**　유타루 글 하민석 그림
058 **정조 대왕**　김종렬 글 민은정 그림
059 **나폴레옹 보나파르트**　남찬숙 글 남궁선하 그림
060 **이종욱**　이은정 글 우지현 그림

- 061 **박완서** 유은실 글 이윤희 그림
- 062 **장기려** 유타루 글 정문주 그림
- 063 **김대건** 전현정 글 홍선주 그림
- 064 **권기옥** 강정연 글 오영은 그림
- 065 **왕가리 마타이** 남찬숙 글 윤정미 그림
- 066 **전형필** 김혜연 글 한지선 그림

• 계속 출간됩니다.